MEMORIA HÚMEDA DE UN CARACOL

Esther Ruiz Vázquez

ESPACIOS EDICIONES

ESPACIOS EDICIONES

colección Espacios de Poesía

dirigida por Rosenda Fernández

I.S.B.N. 978-84-16765-01-0
Depósito legal: M-12859-2015
Imprime: Publidisa
Fotografía de portada: Xoel Gómez

Impreso en España
En papel ecológico

A mis hermanos José y Pilar.
De vosotros aprendí el olor
a madera mojada, el amor y el verso.

Prólogo

Brillante, Edna Pozzi, cuando declaró en entrevista ante el cuestionamiento incesante de qué es poesía que ella misma ignoraba si algún día llegase a encontrar la respuesta. Ella decía lo siguiente: "Uno escribe. Uno puede escribir cuarenta años, cincuenta años, para después encontrar, al final de esa suma tres o cuatro líneas que hicieron valiera la pena el haberlas escrito. Es decir, cuatro líneas o tres que lograron salvarse. Si uno encuentra eso, eso es suficiente: ahí está la poesía" Lo que dice después fundamenta el asombro: "Yo no sé si escribo poesía. Yo reconozco dónde está la poesía. Eso he aprendido en mi vida. Y no importa si fueron escritos desde hace diez años o mil: yo sé dónde está la poesía, es decir que me basta abrir un libro por la mitad y ver cómo salta la poesía. Y además de que no está únicamente en los libros de poemas, ella puede encontrarse allá afuera en la calle y en tantos lugares. Para qué precisar lo que quiere decir poesía, lo único que te digo es que cuando alguien me lee poesía yo espero que me conmueva. Es decir que si a mí no me conmueve, si no me saca de este lugar y me pone en el otro aceleradamente allá adentro del verso no creo demasiado en esa poesía." Y Edna Pozzi remata con esta advertencia: "Además las palabras no pertenecen a uno, no son ni siquiera amigas del poeta. Ellas son enemigas porque están siendo gastadas hasta el paroxismo por una tribu de desenfadados que han incrustado el idioma en el tacho de basura. " ¡Brillante!

Y es en parte por el resplandor —personal y adoptado— de ciertos gigantes y sus intelectos que había decidido declinar tajante a la solicitud de escribir otro prólogo si antes, así como

Pozzi, no sentía rotundo que su material me conmueva a tal grado que me haga viajar fugazmente al poema. Y he aquí que ha ocurrido, he aquí que me encuentro no aquí en las palabras sino en la memoria mojada de la caracola de donde desprende una estética limpia erigida a dolor, fortaleza y encanto.

Dicen que pudo huir de una muerte segura
devastadora
conocer su propio corazón sin enfermar de ternura

Debo entonces, por ello, también confesar (y esto va a sorprenderle también a la autora) que hace justo unos días de forma fortuita encontré en un espacio virtual cuatro versos de ella que me conmovieron, que hicieron mis pies despegar y alcanzar prontamente esa zona escabrosa donde las palabras sacuden sus letras dejando la máscara expuesta al espejo indiscreto que la transparenta y de su desnudez el silencio reposa sus manos sobre esa caricia de piel sensitiva.

Hay cuervos negros
pellizcando mis párpados
Que el mundo entero calle
mientras ella duerme

Le di lectura y de forma instantánea me sentí allí adentro donde ese terror poseía la belleza; y donde antes jamás otra alma ha posado su espasmo no obstante otros ojos también lo leyeran sobre ese destiempo que anula el recuerdo mas no la memoria. Porque no únicamente el olvido es quien borra esos rastros, también la humedad la deshace para concebirla y rehusarse al olvido. Neruda, malacólogo puro, sabía como nadie que las caracolas subyugan el tiempo y por tanto sus caparazones se vuelven fractales copiando la estela de los infinitos como una espiral que devora la muerte. Ruiz Vázquez no apela al misterio encriptado en las asimetrías complicadas, ella acude a la persecución del reloj pero sin alterarlo, sin apremiar los engranes, su trabajo no es ser caracol, pero sí descifrar su memoria. La poeta no finge las reminiscencias, no simula el recuerdo, ella sabe que no es suficiente una vida para equiparar la paciencia, esa calma incluso exasperante con que el caracol humedece las serenidades. Desde su espiral de mujer, la poeta reclina su propia coraza sobre nuestros oídos para que escuchemos las evocaciones de los corolarios.

Escribo y callo, ahora callo.
Permanezco sentada sobre esta leve página
que agita el viento,
con la sangre reciclada de tumultos y espantos.

Reiteradamente, a lo largo de su poesía, la encontramos. Es decir que esos versos que implican un lustro o tal vez una década o más para ser descubiertos y ser rotulados como poesía de pronto comprimen la espera y nos salta a la vista:

He de confesarte la verdad,
el vértigo apretado de mis ojos
no es otro que la patria
aprendida de tus manos.

Memoria húmeda de un caracol, es un libro que sabe olvidarse de sí para darnos la llave a un recuerdo que bien puede ser porvenir o usurpar dentro de la memoria el amor reflexivo por el verdadero, o aun mejor el amor que enloquece las sombras. Los cuerpos. Los vivos.

Nunca te fuiste,
ni dejaste amueblado con tu ausencia el pasillo de mi casa
porque lograste ser inmortal en las acequias de mi pecho.

No me extiendo más, es de ella el encomio y de la lentitud que contrae los relojes cuando estos irrumpen en la diligencia de los sentimientos donde el epitafio ha extraviado la correspondiente memoria que busca afanosa tanto su osamenta como los colmillos marcados al cuello como una evidencia que sigue con vida el amor y el vampiro.

hay un mar de intenciones
palpitando en el alma
como una boca abierta
que pide besos

Memoria húmeda de un caracol, de Esther Ruiz Vázquez, es un libro que ostenta esa gracia de que al ser abierto aparece el poema… y desaparecemos.

Algunas veces
también nos queríamos,
intentando separar el verso
de la gramática absurda

Allá estás. Allá estoy. Allá están tus lectores.

Fausto Vonbonek.
Tijuana, México. / Febrero 15 de 2016.

MEMORIA HÚMEDA
DE UN CARACOL

MEMORIA HÚMEDA DE UN CARACOL.

He hablado en otras lenguas,
visité las entrañas del llanto,
su torrente roto de ojos sin destino.
He perfumado la espera
de la más profunda indiferencia.
He adelgazado en tu voz como la sed
que se calma en gotas de agua.
Y aún así...
quiebro el papel y lo doblo,
como la memoria húmeda
del pequeño caracol.

CONSECUENCIAS

Yo sé por dónde respiras,
por el vértice de mis ojos,
entre tanto holocausto de ausencias.
Irreductible,
abre tus brazos a mi pecho,
soporta el peso del amor,
suframos las consecuencias
de dos que se aman.

PELDAÑOS

Peldaños rotos de mi cuerpo
si supierais los siglos
que mantengo en vuestras ruinas.
Las horas,
sus muertes,
el bastón lisiado de mis ojos,
lo oscuro de su tinta.
Llevo dentro una porción de muerte,
las heridas que solamente conoce
la evidencia que proclama y exige,
el tiempo y su forma perpetua de partida.

HUESOS

Escríbeme una carta
con tu mano de huesos,
con tu brazo de huesos.
No dejes a ciegas la vida,
el pigmento grisáceo del lápiz.
Mándame un signo, algo,
una última herida gramatical,
transforma la letra en muro
donde poder apoyar la espalda.

LA SOMBRA DEL HOMBRE

No hay nada más afianzado que el hombre a su sombra.

La anarquía de sus pasos, el seraje de sus huellas, el contenido abierto de su perfil moldeado, sus diplomáticas manos... todo, absolutamente todo, sucede dando forma vestida con blusa negra.

Nace de la tierra con sabiduría de madera y tiempo, porfiando contra su propia fe recorre la historia y muere con ella. Sencilla como el sol, vagabunda que mora en pálidas murallas.

DESPROPORCIÓN

Es aquí, en este silencio descalzo donde hablo contigo sobre cosas que no existen. Voluntario a fuerza de amor, habitas en medio de alguna revolución suave como el alba, con preguntas anchas

en este diálogo de años y vida.

Es aquí, rodando el mundo sobre estaciones, donde espero que todo te salte a los labios. Sencillamente te espero, en esta desproporción de ausencia y tiempo que marca un reloj con sus horas.

LOS CIELOS MIMADOS

He suspendido las palabras en mi boca.
¿Cuanto amor nos crece sobre los hombros?
Al naufragar el día todo acude a la dócil llamada,
al calor del sueño nuestro,

a las manos de paz,
a la libertad y sus ganas.
En esta orilla de mundo se encuentra la salvación,
los cielos mimamos,
la vida encontrada en su majestuosa forma.

SENECTUD

Lástima de los que olvidaron su memoria.
Las noches en vela,
la luna febril,
los sueños,
el pan,
las sábanas limpias,
el barco de papel.
Lástima de tu corazón
que olvido el motivo de tu vida,
la razón de tu tiempo,
toda una infancia
prendida entre geranios.
El paso de tanto amor,
relegado en un estante viejo
sin suerte ni recuerdos.

IDEA

Hay días que especialmente te extraño,
no pienso censurarme el sentimiento de extrañeza,
no pienso arrebatarme esta crudeza exacta
en la ausencia de tus manos,
no pienso conceder otra palabra al espacio vacío
que no sea TÚ.
Habré de permitirme el sentido de tu nombre
recorriendo las calles, las estaciones, la historia y su destino,
porque hay una buena idea que se vuelve terrena
transformando el hierro en aire,
el vacío en los lunares de tu espalda.

NADA ERA NADA

Nada era nada,
ni el dolor ni el beso,
ni las ciudades adoquinadas
sobre el orden de la conciencia.
No había perros fieles
ni huesos tras la frente,
tampoco existía el asombro ni su magia,
el perdón de nadie,
la mano extendida,
nada era nada.

Ahora,
al verte en el amor ,
me quiero dar a ti
sin separarme de aquello que te entrego,
mis perezas, mis prontos, mis ritmos,
mis dos, mis tres, mis cuatro, mis cientos...

PRIMIGENIA

La línea curva de tu hombro
y su primigenia palabra...
amor.

DOLOR

La humanidad continua impasible
para salir indemne de las muertes del alba.
Drenar en los surcos de los rostros
a golpe de silencio, a eso aprendimos.

ESQUINAS

¿He de contarte por donde muere mi boca?
Hay esquinas en mi casa que solo tú conoces.

PRIVILEGIO

Me desdoblo.
El corazón se hace habitable,
el sentido de esta escritura
completamente restaurada,
la significación restituida
en la calidez del mundo.
Sobre todas sus cosas...
tu nombre,
interminable,
accesible,
honesto.
Como se vacía la garganta en el grito
la memoria es nuestra prisión
pero también nuestro privilegio.

BLUE

Se abre sobre mi largamente...
Yo sé como te gustan las almas, azules,
para escuchar tu tímpano su voz primera.

LÁMPARAS

Y resulta que el amor se instala,
lucha en darse o no
cuando está ya cerca,
y finalmente...
se acerca aceleradamente.
Se queda en lo alto,
colgando de las lámparas
donde maduran frutos de luz,
abierto a dos seres
que sin saberlo, se buscaban.

ESO

Yo allí en tus cielos,
tú aquí en mi tierra.

Porque la felicidad era eso...
un trozo de lluvia,
un lugar en el cielo,
la sonrisa de nuestros hijos,
ese viajar permanentemente
por la superficie del agua
cambiando su dureza cristalina.

FILTRAR

Nos hemos encontrado allí,
donde sólo vale vivir
pecho contra pecho.
En esta realidad

somos más verdad
que las huellas de la carne.
Si tú supieras que vienen de ti
el saber, el mirar,
ese filtrarte en mis pupilas
sin permiso ni horizontes.

COMPLETAR

Yo llegué a tu vida con las manos huecas.
Míralas ahora, en la oscura noche,
cuando el silencio lo permite todo,
viéndonos en lo que hicimos,
traspasando conformidades,
amaneciendo sin error,
encontrando los términos ansiados
de una voz, de unos ojos, de unos labios...
Míralas ahora, en esta calma de ser enteras,
a fuerza de tanto amarlas.

TELARAÑAS

Aún estamos a tiempo de escribir para germinar desde los tallos espinosos de las letras.
Siempre queda el rescoldo, la quietud que antes era consuelo puede llegar a ser un nido abandonado.

LLEGAR

Como no llegabas
salí a buscarte
por los esqueletos del mundo,
tras los dientes de león,
sobre la remunerada memoria
de la lengua que explica.
Andaba en ayunas
con los besos lívidos
en callejas de sol,

entre los surcos humanos,
junto a esa patria
nombrada quimera.
Como no llegabas
salí a buscarte
y un punto nos abrió a la verdad,
a la palabra buena
que al fin de muchas luchas
se encuentra y sabe comprender
callada, viva.

PARA MI HERMANO

Tu ausencia merecía la huella tuya en un molde de arcilla, un grito emitido por el miedo, mi perfil de rabia pura. Procuré reconocer, pero la muerte no se encuentra en el conocimiento y el abismo lo cargue en mi cuenta. Tú ya te encargaste de morir dejando testigos de mi dolor a ti debido. Reconstruirme con palabras, a eso también me enseñaste, pero no estaba en mis manos poner sobre la balanza el dolor que compensara los huesos esparcidos, el peso de la sangre contra un puñado de letras. La muerte, querido hermano, es eso... quedarse huérfanos los ojos de la presencia que habían hecho suya.

TEMBLAR

Le he dado la bienvenida al corazón.
Tanto aniquilar horas,
tanto subrayar versos,
tanto origen de vida.
Le dado la bienvenida al corazón
soy yo la que piensa,
la que habla,
la que siente que el olvido
tiene más muerte que la ausencia,
soy yo conteniendo la presencia,
el calor que irradia de nosotros.
Temblar la piel como una campana,
como hace el aire en una caña hueca,
el contacto de tu mano sobre mi vientre desnudo.
Le he dado la bienvenida al corazón,
como la rama que se acomoda con el tiempo
a sus ramas vecinas.

LITURGIA DE MANOS

Porque eres calma
todo de ti
me desnuda
me pronuncia
me arrebata
me subyuga
me siembra
me nace...
bajo esta dulce liturgia
amontonada en tus manos.

FRAGMENTAR

Tú me quiebras,
yo te quiebro...
fragmentamos.
Hagamos historia
en el gesto sagrado
de extender nuestras manos
en su origen de fuego.

FRACTURA

He fracturado la desgana
dividiéndola en tres partes
gemido ausente

cuello reclinado
escollo de vida
¿quién soldará la pobre
risa de acero?
¿quién lamerá la sal
de mis manos?

AMPUTACIÓN

Las manos de los hombres son su espejo
y tocan las heridas que tenemos en los costados.
Hay veces que es preciso amputarse un miembro
para poder liberarse de los cepos, con los dientes,
si no queremos terminar con el corazón
hipertrofiado de nostalgia.

AZOTEAS

Es bello contemplar los nidos
desde las azoteas de las ciudades.
Esa envoltura de cariño
que conserva el calor
de la verdad desnuda y amable.
En las obras del instinto
radica la perfección más simple.
Abro mis ojos,
te veo,
termino el poema
rubricado en tu boca.

RECLAMO

Tiembla la boca
invisible en el aire,
necesidad absoluta
de dos locos creyentes.
Te estoy besando
en la patria única de labios
que dulcemente reclamas.

RESTITUCIÓN

Hemos restituido la frente
para que merezca el aire del aliento,
la astucia del párpado abierto,
la inspiración sin tregua
de los solemnes labios abiertos.

ORDEN

He comenzado el día con tareas básicas,
mi desorden de almohada
mi café
mis notas
mis ojeras
mis libros
tú
tú
tú...

BULTOS ABANDONADOS

Bultos abandonados
rezuman humedad e instinto
en el fiel pecho que no controlo,
al mirarlos acaricio
su ausencia con los ojos.
Descuadra el diente
montado sobre diente,
la escritura parece
una boca de mendigo.
Bultos abandonados,

eso parecen estas letras y yo.
A veces el hoyo
por donde me despeño,
y otras veces son el rezo,
cuando tu sonrisa me salva.

RESPETO

¿Cual es el peso exacto del respeto?
Los trozos de vida que se desprenden cálidamente de un ser humano a otro, sobre las paredes permeables de su corta existencia.

TÚ

Llega ya...
anticipa el corazón
honradamente.
Palpa
junta
aprieta
desmaya
confunde
desnuda
fascina
apresa
inflama
muerde
moja tantas noches
de océanos y mapas.

SIMPLE

Que todo quede entre tú y yo.
Así de sencillo,
así de compacto...

SERÁFICO DIOS

Y tú me creaste
con ojos de almendra.
Bajo el vientre roto
de algún poema desgarrado
llegué a ti,
como los hijos humildes
de un seráfico Dios.

NOMBRAR

Lo que nombro olvido eres tú lejos de mis causas,

cerca de los nombres que se borraron.

PULMÓN ABIERTO

No había más magia en el día
que la de quererte a horcajadas,
a pulmón abierto.

LIBERAR

He sacado a la calle
los trastos que no utilizo.
Un viejo cenicero de arcilla,
una muñeca de lana,
un cuenco astillado
y un corazón...
alguien necesitará
un corazón sin ataduras
para templar su cama.

LAS ESTRÍAS DE LOS PECES

Te pregunto por las estrías de los peces, sonríes. Ya sé que piensas que los peces tienen escamas,

no estrías, pero no es cierto. ¿Quién se atreve a confirmar que el peso de sus días no lo llevan lacrado entre costado y raspa?. Se sienten huir del mundo desesperadamente, suicidando su pobre memoria en la infinitud de un tiempo sin medida.

SUMAR

Si sumamos labio y lengua
¿cual sería el resultado matemático
de huecos y auroras?

TARDARNOS

He venido para hablar contigo
sobre la muda agonía del día.
Inmensamente confiado, me has escuchado,
con mis pies en tu tierra
con mi voz recostada en tu silencio
guardando los huesos rotos.
Tan escrito en mis ojos
este mirar constante que llaman ausencia,
me abro a ti entre el follaje anónimo
dejando atrás el esqueleto desnudo del invierno.
Después de tantas peregrinaciones
por temblores y asombros,
me abro a ti en este afán común
de tardarnos en vivir.

LUMBALGIAS

Voy dejando atrás los años,
las lumbalgias mortales
y el corazón que espera.

TRANSITARNOS

Algunas veces
negábamos al amor
sus horas y sus ganas.
Algunas veces
también nos queríamos
intentando separar el verso
de la gramática absurda,
por las zanjas abiertas
de esta ciudad
que ambos transitamos.

SUEÑO

Una jaula vacía
la noche
las ganas irrefutables
de abandonar el suelo.
Trastocar la desmesurada grieta
de mi cerrada boca.

BREVEDAD

A veces mar...
a veces poeta...
a veces rama...
a veces ruido...
siempre libertad.

PENDIENTES

Tenemos que conversar con la tarde.
Ordenar el flequillo de la sombra,
aprender el significado del dolor hecho lágrima,
y mirarnos cara a cara con un beso o dos
que endulzaran nuestros cuerpos,
su temblor de labios.

CAVERNAS

Hay cavernas humanas
insondables.

El no múltiple
que araña el rostro.
Un negar tejido de síes
sin mancha ni inocencia.
Mutilada creencia de amores alegres,
de carnes y alas.

PEDIR

Si sucede que suceda.

Nadie me advirtió de la profundidad por tus brazos mientras labraba mi sombra. Puedo vivir sin ti, porque el amor debe transitar libre, suelto, y en la firme voluntad tuya se acercará a mi estrechando el cuerpo posible, la boca suplicante que te dice "no te vayas".

HABLARTE

Necesito hablarte.

Cruzarme con las verdades viejas que ambos nos debemos, escogiendo lentamente el encuentro con tus ojos, sin resistencia. Las manos de paz que se abren, la realidad de ofrecernos uno al otro sin descuidos, que en tu córnea abraces la tierna infancia de mi pecho. Nos miramos, por fin, donde caben cuentas enteras de destino.

REVOLUCIÓN

Las revoluciones que inventa el hombre no me sirven.
Solo hay una revolución, el peso de un gramo de silencio.

SER

Eran dos sobre el vértice del mundo que escupe memorias,
eran dos cuerpos disfrazados de distancia,
la resistencia a separarse del beso parado.

SUCEDER

Me sucedes.
Y ahora que me conoces clarísima,
que se rompan las olas
entre los anchos espacios
y su asombro de espuma.

MANZANAS PODRIDAS

No necesitaba girasoles por mi cumpleaños,
ni el agua de abril con sus blancos trajes,
tampoco la pena primera
esa que llega en la tarde quitando formas.
Como voy callando, la carne se resiente
y mis manos como piedras, tan fáciles de morir,
imitan las quietudes de alta noche.
Lo oscuro de mis dedos en un mundo sin oficio
partido al medio, como una manzana podrida de gusanos.

HAMBRE

Estoy pensando como resolver este problema,
abrazar la enorme ansia errante
o ensanchar el mundo breve
siendo huésped en tu oído
y justo allí...aprender las llamas
de su propia hambre.

LÁGRIMAS DE MAYO

Una ciudad

un número
una bandada de visiones
sobre un cielo distante.
¿Que trajes vistes?
¿que camas habitas?
¿que ropas desnudas
bajo lágrimas de mayo?
Tenme aquí
guardada en el silencio
sin la oportuna respuesta
y sus llamadas de memoria.

FRÍO

¿Y tú preguntabas cuantos inviernos podría sobrevivir una rosa?
Dura y seca la tierra, allí es donde verdaderamente aprieta el mundo.

PARA PILAR

Vamos a contarnos las cosas como tú y yo sabemos.
He apedreado tantas veces el cielo en tu nombre...
No tengo cárcel para ti en mi ser, solo esta lucha terca de nombrarte cada día, de reprocharte el silencio que penetra hasta los huesos, el silencio de tu risa.
Pero hoy no, porque hoy al venir a mi de nuevo se llenan mis labios gritando a ese cielo que tantas veces nos vio volar:
Hermana de mi alma, allá donde estés.

OTOÑOS

Cíclicamente estornudo otoños
para darte la verdad
entre diferencias de dos.

AMOR CRECIDO

No había que buscar más,
estábamos allí tendidos
bajo el tallo de la voz,
en la montaña desnuda
y su amor crecido.

OLVIDO

Y se rompió sin más.
Como se rompen las cosas
que precisan de un largo olvido.

VOLAR

¿Y si al chocar los ojos, uno frente al otro, estrechando aún más el pecho, decidimos vestir la dulzura destilada en el sueño que pasa por los brazos? Amarnos hasta el final sin soltarnos en calles llenas de gente, sin otra unión posible que esta, la de volar.

VACIO

Llevas sobre tus hombros la locura del que vive verticalmente,
porque no sabes nada cuando te despiertas vacío de mi.

UNIDAD

He alimentado tus entrañas y
amasado su pan,

me arrojé a la desfachatez de tu boca.
He comulgado con ruedas de molino
lo que elegiste para ser feliz,
tan solo la carne.
He renunciado a la necesaria unidad
por ser rutinaria en tus ansias,
como una diosa humillada que se retuerce
en el gran murmullo de las prisas.

TAPIZAR

Tapizaba su boca con esa dulzura indómita con la que se tapizan las cosas que se aman, con pasión y alevosía.

FLOR Y PALABRA

Reclamo todos los besos que me debes. Esa forma tuya de abrir mi pecho, de bucear a pulmón abierto bajo el peso ancho de mi alma. Vienen de ti los cielos, las cartas de amor donde querías negarme toda, las costumbres, las ausencias, las balanzas firmes, el monosílabo de los ojos, todo viene de ti por donde me creaste, en esa avaricia de tus manos cuando me forman como flor y palabra.

DECIR

Yo,
que visito tu boca
en días de invierno.
Con las aguas de abril
viviendo entre nosotros
se asoman los labios,
para sin sufrir memorias
decirnos: amor mío.

RESPIRAR

La mudanza del nuevo día y sus señales altas, convertir todo el acaso en azar. Me quisiste abrazar, era yo, la mujer que se encaprichó de una sombra.

Respirar...

ESCRUTAR

Repetí los nombres
una y otra vez,
escruté los rincones
a las cinco, a las seis.
Hay cajones llenos de ruinas,
cerezas podridas
en el corredor hondo
de alguna nevera.

DE CARNE A CARNE

De momento guardo de ti la vena de tu sombra, tus párpados cerrados y regados de flores, tus ruinas e incluso tus daños. De momento te amo desinteresadamente, hasta que me llames de esa forma firme que convoca y pone de pie. Conocernos de carne a carne, por debajo del alma, con las marcas leves felizmente conocidas de la evidente realidad. El gran poder de nosotros sobre las aguas de los mares y del mundo.

RAICES

He brotado de entre la tierra
entre lo verde que de mí existía.
Hacia mi te inclinas
y te tiendes en el suelo,
junto a mi,
lejos ya de tu afán
de distancia.

AMASAR

Si alguien pregunta
como llegaste a mi vida,

responderé que amasando verdades.
La única verdad que contemplo es esta,
saberte voluntariamente atado,
brazada por brazada a mi años,
limpios y agudos como dientes.

MUJER

Y esta mujer
hija y madre,
amante y amor,
deseo e infierno,
muerte y gloria,
libertad y condena,
lluvia y barro seco...
sabe de los rincones del alma,
cuando presiente la grandeza de la vida,
resolutiva en las horas
tronchadas por el desengaño.

TELÉGRAFO

He desordenado las ganas.
La insistente manera
que tengo de amarte no es buena,
me quiebra,
me aplasta,
me arrastra
e incluso a veces, me mata.
Me he pronunciado tan fríamente
sobre las escalas de carne y aliento,
que no sé que haré
con los mayos y sus flores,
con este pensamiento errado
y su telégrafo breve de amor.

DEUDA

He sido fiel
incluso en las mentiras
de otras bocas.
Así pago mi deuda, corazón,
sin deberte nada.

ERMITAÑO

Como un árbol raquítico
en la cima del monte,
me he asomado tanto
al borde de tus ojos,
que lleve los años
envueltos en herméticas melancolías.
Y sin que tú te gastaras,
renací entre la corteza de versos,
al lado del grito silencioso, ermitaño
de ciudades sin racimos
que nos empapaban de otoños.

CIUDADES SIN RACIMOS

Como un árbol raquítico
en la cima del monte,
me he asomado tanto
al borde de tus ojos,
que lleve los años
envueltos en herméticas melancolías.
Y sin que tú te gastaras,
renací entre la corteza de versos,
al lado del grito silencioso, ermitaño
de ciudades sin racimos
que nos empapaban de otoños.

MAZAZO

Amortigua el impacto,
se acerca el mazazo
de tu muerte,
mi boca abierta
sobre tu lecho de lunas.

PUÑAL DE BESOS

Si me desmontas como una vieja mesa, si observas mi sangre, el dolor de mis ojos, el precipicio de mis sombras, los pájaros de mis soledades, la unidad de mi boca y el costado lacerado, sabrás por fin que intento ser otra. Los amores que perdí se escaparon por los besos sin vocación, menudos granos de tiempo en perdidas nubes.

Clava en mi todo lo que perdimos con la duda, un puñal de besos, un pecho cándido, un tacto virgen, un amor... otra vida en la que ambos habitemos.

MAMÁ

Vengo de ti,
con tu materna leche,
con este crecer descalza,
con la memoria llena
y tu misma sangre.
A velocidad de expresos
he crecido,
allí estabas tú
con el pecho abierto .
sosteniendo en el aire
dos alas rotas.

NEGACIÓN

¿Querías negarlo?
La sombra verde de los olivos
llamándote a la tierra.
El hueco del cuerpo,
la migraña de la noche
preguntándote eso
que ni tú puedes contestar,
la luz hundida en la nada,
años y vida enfrentados
en un diálogo angustiado.

CUERDAS DE ARPA

Puedo resistirme a muchas cosas,
a las mansas sombras,
a la serenidad compacta,
a la tentación del instante.
Pero no, en esto soy rotunda,
no puedo resistirme
a la materia dulcísima de tu boca,
a tu lengua abriéndose entre cuerdas de arpa.

EMBARAZO

He pecado de ti, sí, de ti.
Engendraste mis labios,
mi piel,

mi pecho,
mi alma,
mi sexo,
mi vientre,
el sudor de mi frente,
incluso mi poesía.
Mira ahora,
una casa llena de hijos
en esa consagración
llamada dicha.

BOCA NEGRA

Someterme sin resistencia
a la boca negra de la noche.
Inconstante de ti
el corazón se va matando.

MUDANZAS

Fatalmente te mudas
de una casa a otra,
en continua mudanza
tu sangre,
las venas mías...
y mientras, desesperadamente,
el mundo intenta acostumbrarse
a tu caricia indómita.

RENDIJAS DE NOCHE

He aprendido a vivir sin puertas,
despedí a los carceleros
que necesitaban mi sueño oscuro.
Hay luz en las rendijas de la noche,
por fin he salvado
el cadáver de mi sombra.

CÁLCULOS

Separarnos
caer en el error de la ignorancia
donde todos los cálculos se abisman.

DISPARAR

Disparar
directamente sobre tu boca,
arrancar por fin el beso
saliendo de este anónimo
de carne fría sin diferencias,
para vivir allí cuando me dueles.

PERROS INFIELES

Guardarás mi nombre
lunes, martes, miércoles,
el resto de días
los perros infieles que de ti me apartaron
morderan las heridas de tus ansias
y tú....tú en ese momento
estarás a cientos de kilometros de casa.

RESOLUCIÓN

Te pregunto
¿y si ahogamos el amor a quemarropa esta noche,
quedaran resueltos los besos pendientes,
quedaran resueltos los labios agrietados,
quedaran resueltos los pasillos despoblados de la ausencia?
Vamos a la cama y que la noche resuelva.

Es verdad si digo que llovías mi boca
entre los cartílagos blancos del presente,
que nunca estuvimos completamente terminados,
porque simplemente, nunca fuimos.

FINAL

Ahí lo tienes!!
Desmontalo en cuatro u ocho trozos,
resquebraja el nombre
y el apoyo de tus torpezas.
Sácame de esa vida sin fondo
en esta última prueba,
tiembla mientras vacías
la cuenca de mis ojos,
asesiname despacio
estoy hecha de huida
en estas estaciones sin manos.
Todo lo que dolió
se me fue en el doblar continuo
de algún horizonte innombrable.

BREVE

Hoy todas las aves salieron a volar
buscando su cita de carne y alas.

MAR

A veces me respiro, como desde adentro.
Ese soplo imperceptible, la evidencia de ser esta orilla de mundo en carne y alas.

FRIALDAD

Morder el día a dentelladas.
Hay cuerpos helados que necesitan
ese querer íntimo y cálido de las cosas.

VARILLAS

Tuviste brazos
y al abrir el amor
varilla a varilla
la soledad fingió
el inmenso abandono
de los cálculos que se abisman.
Ya solo te queda alma
pobre corazón sin brazos.

ESQUINAS

Hoy ando con los rincones abiertos,
preguntando en que esquina abierta
tú me esperarías.

NI UNA MÁS

Si pudieras sentir por un instante,
el dolor de estos párpados
sudados en lágrimas.
Desde la mortaja
que ciega mis ojos,
serías consciente
del desprecio que habita
en tu ignorada conciencia.
Hay caricias perdidas
como un martillazo seco y rudo,
golpes de alma y cuerpo
que subyacen detrás de un día,
de un mundo, de una vida.
Te contemplo dolor
desde esta esfera de carne rasgada,
arcana desde mi propio delirio.
Llorar e inútilmente sacudir los brazos
para ahuyentar los cuervos negros
que a mi se ciñen sin descanso, sin tregua.
Soy yo, admite la grieta punzante
que dejaste sobre mi cuerpo, en mi mente,
las manos de la destrucción,
la aberrante conducta de tus mudas soledades.

SIMPLEZAS

Yo quería un mundo lleno de simplezas.
El olor a maderas,
un pie libre,
la distancia lisa,
el agua quieta,
el labio en el aire,
la risa sin vértigo,
óleos de palabras vivas.
Yo quería eso,
el simple gesto de amarse.

LADINA

Junto al naufragio me convenció tu ladina lengua,
por ti me siento plural en un viento que inventa.
Cuatro manos,
dos troncos,
dos ganas que se abren.

LUNA

He venido a llorar sobre mi tumba.
Hay olvidos cautelosos
que arañan el cielo cuando solo queda
el cadáver que se olvida.

PENA INÚTIL

Tengo un puñado de venas,
unas ganas inmensas
y un cómodo sofá
para esperarte.
De ti depende,
hundirnos en las raíces
con el egoísmo de los árboles
o morir esperando en la pena inútil.

DIENTES SOLOS

Hay demonios que se incrustan en las sienes como la memoria de un anillo simple y el dedo que lo llevó.

Hay miradas que toman por costumbre abrir el pecho dulcemente, como los besos de diente a diente, bellamente solos.

MUERTE LENTA

Llegas a mi como la muerte lenta.
Hunde sobre mi tu mísera ausencia,
ese grito amortajado en esta almohada honda de soledades.

AMOR DISPUESTO

El abrazo convexo,
la cama dispuesta,
las ganas abiertas,
el amor dispuesto.

ROMPERNOS

¿Y sí nos rompemos
mutuamente?
tú en mi mitad,
yo en tu mitad.

LLUVIA

El abrigo que me he puesto
es como el horror de una cárcel
repleta de fieros tigres.
El problema es que yo
siempre amé la lluvia.

VINAGRE

Hay días en los que la poesía me suda en las manos.
Tú lo sabes bien abismo de mis ojos,
en ti deposito el vinagre de la razón que se enreda.
Hay días en los que la poesía me suda en las manos.

PERROS HONDOS

¿Y si desabrochamos los ojos queriendo la noche como perros hondos?
Salgamos fuera que dentro hace frío.

TIERRA

Barro tierno,
arenas y ríos,
en ti mi cosecha.
Regarás de ansias
la amplia noche,
echará en sus hombros
al hombre de carne,
su vino...su tierra.

DESACUERDO

Que si tú...
que si yo...
desabrochame las prisas
que vengo con las ganas puestas.

PARA MI HERMANA

Hay cuervos negros
pellizcando mis párpados.
Que el mundo entero calle,
mientras ella duerme.

PARA MI ADMIRADA ALEJANDRA PIZARNIK

Que extraño el continuo desorden de la conciencia.

Llevo una estrecha hondura en este diálogo resonante, negándome mi estampa, esa que abandonó los labios de lluvia y los oídos de lago. Metálicos caprichos enroscan la noche. Ante mis ojos una boca abierta, un hueco saturado, un frío debido. Hay pájaros enclaustrados en mis manos querida Pizarnik que aúllan como lobos hambrientos, que yacen sobre un lecho húmedo de helechos y rocas.

¿Que obra indómita dejaste en mis párpados? ¿que lacero atrapo el nudo de tus versos? ¿que mirada insolente removió tu huida?

Nunca te fuiste, ni dejaste amueblado con tu ausencia el pasillo de mi casa porque lograste ser inmortal en las acequias de mi pecho.

PRIMAVERAS

Tengo mi casa llena de primaveras.
Rincones con jazmines,
estanterías con geranios,
sillas de amapolas
y todas las mariposas en las entrañas.

VÍNCULO

Reposé en tus manos
como una promesa
firme y horizontal,
aquella mañana
que me entregaste
tu palabra.

GUERRAS

¿He de vivir así, ceñida a tu silencio en la mañana y en el cuando?
He de volver a ti, infancia mía, sin armas ni perfidias.

AMOR

La línea curva de tu hombro
y su primigenia palabra...
AMOR.

HUMANIDAD

La humanidad continua impasible
para salir indemne de las muertes del alba.
Drenar en los surcos de los rostros
a golpe de silencio, a eso aprendimos.

SOBREVIVIR

El olvido es una condición de la supervivencia, para no morir en exceso.

HERIDA GRAMATICAL

Escríbeme una carta
con tu mano de huesos,
con tu brazo de huesos.
No dejes a ciegas la vida,
el pigmento grisáceo del lápiz.
Mándame un signo, algo,
una última herida gramatical,
transforma la letra en muro
donde poder apoyar la espalda.

Se terminó de impirmir
en abril de 2016